VENTES

Des 13, 14 et 15 Avril 1905

HOTEL DROUOT, SALLLE N° 7

EXPOSITION PUBLIQUE

Le 13 Avril 1905

de 2 heures à 6 heures

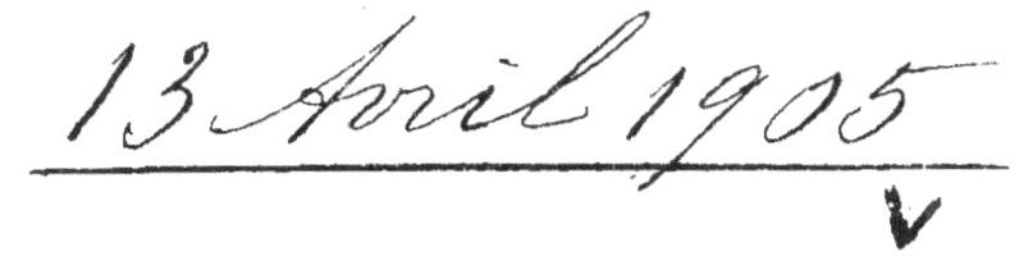

Objets d'art

et d'Ameublement

Très beaux Bijoux

Tableaux

Porcelaines et Faïences

Gravures

Me Georges Bonnaud

Commissaire-Priseur

23, rue Le Peletier, 23

EXPERTS

M. L. MOLINE
14 bis, rue Saint-Georges, 14 bis.

MM. WILLIAMSON père et fils
1, Rue Saint-Pierre. Neuilly-sur-Seine

NOUVELLE
IMPRIMERIE
Édouard LASNIER
DIRECTEUR
37, Rue St LAZARE
PARIS
TÉLÉPHONE 259-74

CATALOGUE

DES

Objets d'Art

et d'Ameublement

TRÈS BEAUX BIJOUX

Porcelaines, Faïences

Dont la vente aura lieu

HOTEL DROUOT : SALLE N° 7

Les 13, 14, 15 Avril 1905

Me Georges BONNAUD
Commissaire-Priseur
23, rue Le Peletier, 23

EXPERTS

M. L. MOLINE	MM. WILLIAMSON père et fils
14 bis, rue Saint-Georges, 14 bis.	1, Rue Saint-Pierre Neuilly-sur-Seine

EXPOSITION PUBLIQUE LE 13 AVRIL 1905, de 2 h. à 6 h.

CONDITIONS DE LA VENTE

Elle sera faite au comptant.

Les acquéreurs paieront *dix pour cent* en sus des prix d'adjudication.

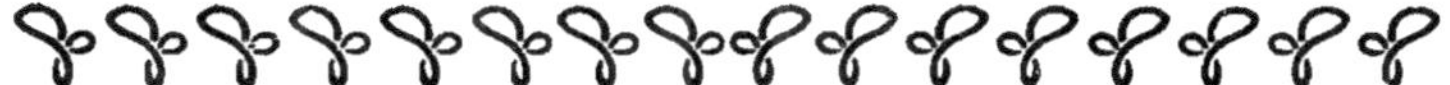

DÉSIGNATION

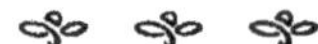

MEUBLES

1 — Salle à manger en poirier noirci composée de :
Une table à manger.
Un buffet.
Une glace à fronton.
Douze chaises couvertes en drap rouge.
Huit chaises cannées.

2 — Table en noyer sculpté.

3 — Salle à manger en noyer sculpté, composée d'un buffet à deux
corps à panneaux vitrés, d'une table et de huit chaises.

4 — Piano Erard droit en palissandre.

5 — Chambre à coucher Louis XVI en acajou, filets dorés, composée
d'un lit de milieu d'une armoire à glace et d'une table de nuit
de la maison Krieger.

6 — Commode Louis XV en marqueterie, ornée de bronzes ciselés et dorés.

7 — Commode Louis XVI en marqueterie, ornée de bronzes ciselés et dorés, pieds à griffes, dessus en marbre blanc.

8 — Commode Louis XVI en marqueterie, décor de guirlandes, de fleurs et de cariatides, en bronze ciselé et doré, dessus en marbre blanc.

9 — Commode Louis XV en bois de rose, ornée de bronzes ciselés et dorés, dessus en marbre.

9 bis — Deux chaises Louis XV cannées, signées Nogarède

10 — Trumeau Louis XVI à moulures dorées, sujet galant.

11 — Table Louis XVI en acajou, ornée de bronzes ciselés et dorés, signée Jacob.

12 — Armoire Louis XV en bois de rose, ornée de bronzes ciselés et dorés, signée Saunier.

13 — Commode Louis XV en marqueterie de bois de rose, ornée de bronzes ciselés et dorés, dessus en marbre.

14 — Secrétaire Louis XVI en marqueterie de bois de rose à damiers, orné de bronzes ciselés et dorés, dessus en marbre gris.

15 — Statuette de sainte femme en bois sculpté peint et doré, XV° siècle.

16 — Régulateur Louis XV en marqueterie, orné de bronzes ciselés et dorés.

17 — Grand canapé Louis XVI en bois sculpté, garniture refaite, signé Jacob.

18 — Commode Louis XV en bois de rose, ornée de bronzes ciselés et dorés, dessus en marbre.

18 *bis* — Bout de lit formant bureau en bois de rose.

19 — Canapé Louis XV non garni, en bois laqué blanc.

20 — Deux chaises Louis XVI à médaillons, en bois laqué blanc.

21 — Porte potiche en noyer sculpté avec jardinière.

22 — Grand canapé et deux fauteuils Seymour couverts en maroquin havane.

23 — Bibliothèque Empire à quatre vantaux, ornée de bronzes ciselés et dorés.

24 — Armoire en chêne sculpté.

25 — Armoire en noyer sculpté.

26 — Glace gothique en noyer sculpté.

27 — Glace, cadre en chêne.

28 — Glace, cadre noir et or.

29 — Console Empire ornée de bronzes dorés.

30 — Fauteuil Empire orné de bronzes dorés.

31 — Glace cadre en bois sculpté et doré, avec fronton.

32 — Glace cadre en bois sculpté et doré, avec fronton.

33 — Table de nuit Louis XVI, ornée de bronzes dorés.

34 — Meuble Louis XVI à médaillon, couvert en tapisserie d'Aubusson, à décor de corbeilles et guirlandes de fleurs, bois sculpté et doré.

35 — Tapisserie d'Aubusson à sujets d'oiseaux, bordure à fleurs.

36 — Fragment de tapisserie verdure, décor d'oiseaux et de fleurs.

37 — Porte-manteaux en chêne, orné d'une glace.

38 — Colonne ornée d'une draperie en peluche rouge.

39 — Plaque de cheminée en fonte.

40 — Jardinière en bronze avec son pied en chêne.

41 — Lampe à pied en bronze doré.

42 — Panoplie d'armes diverses.

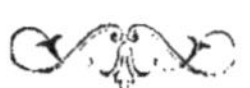

PORCELAINES — FAIENCES
OBJETS D'ART

43 — Garniture de cheminée en porcelaine fond bleu et or, décor à médaillons, monture en bronze doré.

44 — Deux paires de vases de la Restauration, décor blanc et or et médaillons.

45 — Aiguière Empire décor or.

46 — Paire de lampes en porcelaine de la Chine.

47 — Deux tasses en porcelaine coquille d'œufs. Trois tasses diverses.

47 *bis* — Lot de tasses diverses.

48 — Lot de tasses et de soucoupes en porcelaine et faïence.

49 — Quatre grands plats de porcelaine de la Chine, décor bleu.

50 — Deux autres plats en porcelaine de la Chine.

51 — Quatre plats en porcelaine du Japon.

52 — Environ trente plats, bols et assiettes en faïence de Rouen.

53 — Lot de tasses et de soucoupes en porcelaine.

54 — Paire de potiches en grès émaillé.

55 — Lot d'assiettes en porcelaine décorée. Ce lot sera divisé.

56 — Corbeille en porcelaine ajourée, décor blanc et or. Corbeille en porcelaine, décor bleu et or.

57 — Lot composé d'environ soixante statuettes et bustes de Napoléon Ier, tant en biscuit qu'en plâtre et porcelaine.
Ce lot sera divisé.

58 — Lot de médailles, d'aigles et de médaillons de Napoléon Ier.
Ce lot sera divisé.

59 — Lot de médailles et monnaies anciennes.

60 — Trois jardinières, décor bleu et or.

61 — Deux statuettes Empire. Napoléon à cheval.

62 — Jeune femme nue tenant une corne d'abondance. Terre cuite.

63 — Miroir Louis XVI en bois sculpté.

64 — Cadre Louis XIII en bois sculpté.

65 — Cadre Louis XVI doré.

BRONZES

66 — Paire d'appliques Louis XV en bronze doré.

67 — Paire d'appliques en bronze doré.

68 — Lustre en bronze doré.

69 — Paire de Chandeliers Empire en bronze doré.

70 — « Au clair de la lune »
Bronze patiné.

71 — Paire de flambeaux Empire en bronze doré.

72 — Deux bouts de table en bronze ciselé et doré.

73 — Pendule Louis XV en bronze doré.

74 — Paire de chandeliers Empire en bronze ciselé et doré.

75 — Canon Empire en bronze ciselé et doré.

76 — 2 cache-pots en bronze doré et repoussé.

77 — Presse papier, angle en bronze doré.

78 — Plaquette Napoléon bronze.

79 — Classeurs Empire en bronze ciselé et doré.

80 — Lustre genre Saxe, fleurs et feuilles en porcelaine décorée.

81 — Deux montres anciennes.

82 — Deux médaillons bronze Joséphine et Napoléon.

83 — Coupe papier et cuiller sujet Napoléon.

84 — Statuette de Napoléon à cheval en bronze doré.

85 — Moine jouant aux cartes. Bronze doré.

BIJOUX

86 — 1 Très beau collier joaillerie ornement, pampilles gros dia-
mants; monture platine et or, composé de 584 brillants
pesant 37 c. 1/8.

87 — 1 Bracelet joaillerie, bande cubes brillants avec bord petits
trèfles en brillants; monture platine et or. composé de 105
brillants pesant 8 c. 3/4 1/16.

88 — 1 Riche bracelet gourmette or, tête composée d'un gros saphir
cabochon pesant 44 c. entouré de 20 brillants pesant 4 c. 1/16.
Monture platine et or.

89 — 1 Broche fer monture platine et or, composée de 17 brillants
pesant 5 c.

90 — 1 Bague perle blanche de 12 gr. 3/4 entourée de 10 brillants
pesant 2 c. 1/2; corps avec 2 brillants. Monture platine et or.

91 — 1 Très belle bague composée d'une émeraude pesant 5 c. 3/4
entre 2 brillants pesant 1 c. 1/4. Monture platine et or.

92 — 1 Paire boutons d'oreilles, saphirs pesant 3 c. 3/4 1/6 entourés
chacun de 10 brillants avec petit diamant dans le haut. Poids
22 brillants 3 c. 1/2.

93 — 1 Bague jumelle ornée de perles et de brillants.

TABLEAUX

ARGENCE (D')

94 — Paysage.

Haut. 0m92. Larg. 0m65.

APPERT (G.

95 — Les joueurs d'échecs.

Haut. 0m65. Larg. 0m80.

BAHIEUX (Jules)

96 — Pêcheuse du Pollet.

Haut 0m55. Larg. 0m33.

BLYGNY

97 — La Bataille. Toile.

BODWY

98 — Le départ. Panneau.

Haut. 0m46. Larg. 0m38

BODWY

99 — Chevaux de course.

Haut. 0m55. Larg. 0m30.

BOGGS

100 — Vue de Hollande. Toile.

BROUWER (Genre de)

101 — La partie de cartes.

Haut. 0m20. Larg. 0m25.

BROUWER (Genre de)

102 — Cabaret flamand.

Haut. 0m20. Larg. 0m25.

CAPEL (José)

103 — Archevêché de Séville. Toile.

Haut. 0m72. Larg. 0m51.

DIRICK

104 — Paysage de Norvège.

Haut. 0ᵐ46. Larg. 0ᵐ55.

COMERRE (Léon)

105 — Italienne à la fontaine.

Haut. 0ᵐ56. Larg. 0ᵐ22.

COMERRE (Léon)

106 — Pierrot, joueur de mandoline.

Haut. 0ᵐ40. Larg. 0ᵐ20.

DESBOUTINS (M.)

107 — L'enfant au bal.

DESBOUTINS (M.)

108 — Vieille femme reprisant.

DUPRÉ (genre de).

109 — La mare.

Haut. 0ᵐ30. Larg. 0ᵐ33.

FAVROT

110 — Troupeau de moutons. Toile.

FAVROT

111 — Animaux.

JENNY FONTAINE

112 — Fleurs.

Haut. 0ᵐ30. Larg. 0ᵐ34.

GADAN

113 — Intérieur de café arabe.

Haut. 0ᵐ60. Larg. 0ᵐ40.

GADAN

114 — Nature morte.

Haut. 0ᵐ45. Larg. 0ᵐ56.

GRISON

115 — Intérieur de cabaret.

Haut. 0ᵐ85. Larg. 0ᵐ72.

LUCHKART

116 — Effet d'orage.

Haut. 0^m50. Larg. 0^m65.

GADAN

117 — Oranges et fleurs.

Haut. 0^m75. Larg. 0^m59.

GADAN

118 — Algérienne.

Haut. 0^m50. Larg. 0^m63.

HERVÉ (Julien)

118 bis — Marine.

Haut. 0^m46. Larg. 0^m61.

INCONNU

119 — Campagne de Kabylie en 1845.

Haut. 0^m81. Larg. 0^m37.

120 — Marine en Hollande.

Haut. 0^m81. Larg. 0^m55.

LEROY

121 — Chat.

LEROY

122 — Chat.

LEROY

123 — Trois chats.

MATHON

124 — Falaise, marée basse.

Haut. 0^m35. Larg. 0^m60.

MATHON

125 — Vue prise à Honfleur.

Haut. 0^m35. Larg. 0^m60.

MATHON

126 — Le Village, effet de neige.

Haut. 0^m53. Larg. 0^m35.

JEANNIGROS

127 — Soleil couchant au Concarneau.

Haut. 0^m65. Larg. 0^m46.

PINTA

128 — Sœurs de charité.

Haut. 0m78. Larg. 0m60.

RIVOIRE

129 — Fleurs.

Toile.

Dominique ROZIER

130 — Azalées.

Haut. 0m63. Larg. 0m54.

Paul SCHMIDT

131 — Bord de rivière.

Haut. 0m38. Larg. 0m55.

Paul SCHMIDT

132 — La Mare.

Haut. 0m38. Larg. 0m55.

TETIERS (Genre de)

133 — Intérieur flamand.

Haut. 0m22. Larg. 0m31.

GALIEN-LALOUE

134 — Vue de Paris. Gouache.

135 — Vue de Paris. Gouache.

JEANNIGROS

136 — La Frette. Aquarelle.

LINTELEY (John)

137 — Bords de rivière. Aquarelle.

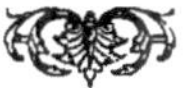

GRAVURES

138 — La Bergère. Bois de J. F. Millet.

Laitière, de J. F. Millet.

L'homme à la bèche, J. F. Millet.

La Bouillie. Eau-forte.

Moutons et clair de lune, d'après Ch. Jacque par F. Jacque, épreuve signée par le peintre et le graveur Grivot. Le Torrent. Eau-forte.

139 — Plusieurs lots de gravures sur carton.
Ce lot sera divisé.

MARIE (Adrien)

140 — Buste de jeune femme. Encre de Chine.

ADRIEN MARIE

141 — Tète. Dessin.

ROBERT (Roger)

142 — Roses. Aquarelle.

ARCHINAUX

143 — Tète de genre. Pastel.

144 — Deux lithographies, sujets de chasse.

145 — Objets omis au catalogue.

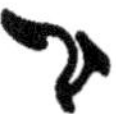